UMA PÁSCOA SEM OVOS DE CHOCOLATE

ETNA LACERDA

ILUSTRAÇÕES: RAFAEL SANCHES

Se alguém procurasse a cidade Barba Longa, jamais a encontraria. Ela ficava lá nos confins do mundo. E, como ninguém sabia onde eram os confins do mundo, nunca ninguém chegou à cidade Barba Longa.
Ela tinha esse nome porque lá vivia um mago com a barba mais comprida do mundo. Seu nome também era Barba Longa. Ele morava dentro da montanha mais alta da cidade. Sua barba era tão branca e tão comprida, que cobria todo pico da Montanha Branca. Barba Longa nunca aparecia. Todos escutavam apenas sua voz de trovão.

Quando os bichinhos da cidade precisavam de alguma mágica, chegavam ao pé da Montanha Branca e gritavam seu pedido. Barba Longa realizava tudo num piscar de olhos.

Os bichos já estavam acostumados a ver todos os seus sonhos realizados. Por isso, tornaram-se preguiçosos, exigentes, invejosos, desocupados, e faziam muitas travessuras, jamais se esforçando para resolver as próprias dificuldades.

O gato dormia de dia e de noite; não queria mais caçar ratos. Quando sentia fome, era só pedir, e Barba Longa logo fazia surgir um rato bem gordinho entre suas patas. O leão não se preocupava em rugir. A seu pedido, o mago tinha criado um aparelho que reproduzia os urros dele por toda a cidade, assustando os outros animais. Os pássaros não faziam ninho, pois já o tinham prontinho nas árvores.

Os macaquinhos estavam gordos e sem vontade de fazer nada. Coquinhos e as melhores frutas apareciam do nada ao lado deles, sem ser preciso procurá-los. Subir em árvores para quê?

Outros ficaram cada vez mais exigentes. O caracol queria uma casa de dois andares. A cobra, com inveja da centopeia, pediu cento e uma pernas. O pardal não queria mais penas marrons. Tinha pedido a Barba Longa que colorisse suas penas com as cores do arco-íris.

Por sua vez, a cada mágica que Barba Longa fazia, sua barba crescia, e com uma rapidez espantosa. Para não abafar a cidade, o mago cortava pedaços da barba e jogava para cima, rumo ao céu. Cada pedaço se transformava em nuvem de barba. Eram tantas nuvens de barba, que elas quase encobriam o sol. Mas sem a luz e o calor do sol, todos os seres vivos da cidade morreriam!

O mago percebeu que suas mágicas estavam provocando um grande problema.
Barba Longa, então, resolveu criar uma regra: cada bicho só tinha direito a uma mágica durante todo o ano.
Houve uma agitação enorme entre os animais. Uma mágica por ano era pouco! Todos os dias eles precisavam de algo novo. Não saberiam viver sem a magia de Barba Longa.
O fato é que a regra se estabeleceu e, passado um tempo, o coelho Leleco estava bem preocupado.

Tinha feito seu pedido daquele ano: Barba Longa havia criado para ele uma chocomáquina — uma máquina que produzia sozinha milhares de ovos de chocolate, todos deliciosos e embrulhadinhos um a um. Leleco só tinha o trabalho de levar para a Cidade das Crianças e escondê-los até o Domingo de Páscoa.

Porém, algo tinha acontecido com a chocomáquina: ela estava quebrada. Tinha parado de funcionar faltando um mês para a Páscoa. Leleco ficou muito pensativo, pois não havia completado a quantidade de ovos que deveria levá-los no Domingo de Páscoa.

"Como vou fazer para que todas as crianças tenham seus ovos de chocolate?" Esse pensamento estava deixando o coelho Leleco muito nervoso.
Só havia uma solução: levar a chocomáquina para o mago Barba Longa consertar. Com certeza, só ele saberia fazer uma mágica para que ela voltasse a funcionar.
Leleco carregou a chocomáquina com muito esforço até a Montanha Branca. Aos pés dela, bastante cansado, gritou:
— Senhor Barba Longa, ajude-me. A chocomáquina parou de funcionar. Por favor, enrole sua barba na máquina para que ela fique novinha.

Barba Longa respondeu com sua voz de trovão:
— Não, não e não; você já teve a sua mágica este ano. A regra é esta: apenas uma por ano!
— Por favor, só desta vez, senhor Barba Longa, abra uma exceção.
— Não posso quebrar uma regra que eu mesmo criei.
O coelho Leleco sacudiu os orelhões, muito nervoso, e explicou:
— É que o Domingo de Páscoa está chegando, e faltam ainda muitos ovos de chocolate. As crianças estão contando os dias para saborearem seus ovos. O senhor já viu uma Páscoa sem ovos de chocolate?

Barba Longa pensou um pouco e respondeu:

— Sei que os ovos de Páscoa são a alegria das crianças, mas todo problema tem solução. Pense bem: use sua inteligência, e você resolverá o seu. Vocês se acostumaram com minhas mágicas, jamais buscando soluções para as suas dificuldades. Por causa disso, eu estava criando um sério problema. Minha barba cresceu tanto que, com os pedaços dela que joguei ao céu, as nuvens formadas já estavam encobrindo o sol. Vocês precisam aprender a achar solução para os seus problemas. Mas preste atenção, coelho Leleco: cuidado com como vai resolver essa questão.

Leleco desceu a montanha aborrecido, com um baita peso nas costas. E o pior: sem ter resolvido seu problema.
Na manhã seguinte, porém, acordou com uma ideia: pegar os ovos da galinha Pintada.
Os ovos serviriam como forminhas. Era só derreter o chocolate, derramá-lo nos ovos da galinha, deixar esfriar e pronto: o problema estaria resolvido. Só havia uma coisinha a mais, que Leleco logo descobriu. A galinha Pintada era muito cuidadosa com seus ovos. Nunca saía do seu cercadinho nem permitia que ninguém entrasse nele. Se algum bicho tentasse roubar algum de seus ovos, levava muitas bicadas. Como pegar os ovos dela?

Leleco achou um jeito: pediu à raposa que pegasse alguns
ovos da galinha Pintada e os dividisse com ele.
A raposa se desculpou:
— Amigo coelho, isso é muito perigoso. A galinha dorme com as asas sobre os ovos. Se ela me flagrar retirando-os dela, vou sair toda bicada, e nem estou precisando de ovos. Tenho vários, que o senhor Barba Longa criou para mim na sua última mágica.
O coelho Leleco saiu irritado, batendo os dentões.
O jeito era fazer a galinha sair do cercadinho, assim teria tempo para
retirar os ovos. Assim, teve outra ideia.

Na manhã seguinte, foi falar com a galinha Pintada.
— Olá, amiguinha. Vejo que suas asas são muito pequenas. Que tal pedir ao mago Barba Longa que lhe dê asas mágicas? Elas seriam maiores que as suas e a fariam voar, como os pássaros. Com elas você alçaria altos voos, podendo ver toda a cidade. Seria um lindo passeio!
A galinha Pintada arregalou os olhos e respondeu:
— Amigo coelho, nunca precisei das mágicas de Barba Longa. A natureza me fez com as asas do tamanho certo. Embaixo delas meus ovos e meus pintinhos ficam bem protegidos. Estou satisfeita com o tamanho de minhas asas.

Leleco saiu aborrecido, puxando os orelhões. O coelho, porém, não desistiu. Logo no outro dia, preparou um chá bem forte com erva dormideira e foi até o cercadinho.

— Bom dia, amiguinha. Tenho notado que você anda muito cansada. Vive correndo de um lado para o outro, vigiando seus ovos. Você precisa de um bom calmante. Tenho aqui um chá excelente para isso. Você vai ficar calminha, calminha. Pode tomar agora mesmo. Veja, está quentinho e delicioso.

A galinha olhou muito desconfiada para o líquido que o coelho lhe oferecia.
— Não, muito obrigada. Esses calmantes são muito fortes, vão me fazer dormir profundamente. Não posso, pois tenho que ficar atenta de dia e de noite vigiando meus pintinhos.
O coelho afastou-se imediatamente, os orelhões caídos.

Leleco resolveu pedir orientação ao mago. Foi correndo aos pés da Montanha Branca e, chegando lá, gritou por Barba Longa. O mago respondeu com sua voz de trovão:
— O que deseja agora, coelho Leleco?
— A galinha Pintada não quer ceder alguns ovos para servirem de forma. Já pedi com todo o carinho, mas ela não quer me ajudar. Ela não concorda com nada; é muito difícil dialogar com ela.
O mago, que sabia ler pensamentos, viu que o coelho estava mentindo.
— A galinha Pintada é muito zelosa e boa companheira. Ela nunca negaria ajuda a ninguém. Você quer conseguir os ovos da galinha de maneira errada, tentando enganá-la. Não é correto agir assim. Procure novamente a galinha Pintada e fale a verdade.

O coelho sacudiu o rabinho e falou:
— Não posso falar a verdade; ela ficará muito zangada. Não vai me ceder os ovos e eu ainda posso levar boas bicadas.
— Não é bem assim, Leleco. A verdade precisa ser dita de maneira gentil e com as palavras certas. Tenho certeza de que ela vai compreender se você explicar o motivo pelo qual precisa dos ovos dela.
Leleco se afastou da montanha devagar, pensando no que o mago havia dito.

No outro dia, encheu-se de coragem e foi até o cercadinho.

— Olá, amiguinha. Você sabe que faço ovos de chocolate na minha chocomáquina, não sabe? Este ano, algumas crianças ficarão sem seus saborosos ovos de Páscoa. Aconteceu uma coisa que me deixou muito triste e preocupado.

— O que foi, amigo coelho, que o deixou triste e preocupado?

— Minha chocomáquina quebrou. Barba Longa não vai consertá-la, porque não tenho mais direito a pedir nenhuma outra mágica este ano. Só você pode me ajudar.

— E como posso fazer isso, amigo coelho? Não sei fazer ovos de chocolate. Meus ovos são de gema e clara.

— Se pudesse me fazer a gentileza de ceder alguns de seus ovos, seriam muito úteis para mim.

— Como meus ovos teriam utilidade para você?
— Poderiam servir de forminhas, pois são do tamanho certo para os meus ovos.

A galinha Pintada pensou e respondeu:

— Se é para alegrar as crianças e você ficar mais tranquilo, posso ceder alguns ovos sim. Estou sempre pondo ovos; só posso doar os que não serão chocados. Os demais eu não posso ceder porque deles, depois de chocados, nascerão meus queridos filhotinhos. Vou ajudá-lo apenas por ser uma boa causa.

— Obrigado, amiga.

O coelho Leleco entrou no temido cercadinho, pegou alguns ovos e saiu saltitante de alegria.

Faltavam poucos dias para o Domingo de Páscoa. Leleco pediu aos amigos bichinhos que o ajudassem. Eles trabalharam de dia e também à noite. Com o auxílio de todos, a quantidade de ovos ficou completa.

No Domingo de Páscoa, as crianças encontraram seus ovinhos de chocolate, escondidos antes pelo coelho Leleco. Elas corriam, pulavam e contavam a novidade a seus pais.

Quando o Domingo de Páscoa passou, porém, surgiu outro problema. Como fazer os milhares de ovos para o próximo ano com a chocomáquina quebrada? Leleco teria que dar um jeito de consertá-la.

Mais uma vez, ele pediu ajuda aos amigos. Com a sabedoria do elefante, a habilidade dos pássaros, a criatividade dos macaquinhos e sua própria inteligência, a chocomáquina foi consertada e voltou a funcionar.

Os animais perceberam que, usando inteligência e criatividade, e trabalhando em conjunto, resolveriam todos os seus problemas. Ninguém precisaria mais buscar soluções mágicas.

Sem ter mais mágicas para fazer, a barba de Barba Longa, por sua vez, foi encolhendo. Já não cobria mais o pico da Montanha Branca. As nuvens do céu tornaram-se nuvens de verdade, e os animais voltaram a fazer tudo de acordo com sua natureza.

Barba Longa também estava satisfeito. Agora poderia viver em paz dentro da Montanha Branca.
Sentia-se muito feliz por cada bichinho ter descoberto a maior mágica da vida deles: usar a inteligência para realizar coisas boas, compreendendo que o trabalho feito com amor traz muitas alegrias. Além disso, trabalhar em conjunto tornava tudo mais rápido e era uma forma de todos se tornarem amigos, auxiliando um ao outro.

O coelho Leleco tinha aprendido também outra coisa muito importante: aprender a dizer a verdade de maneira clara e gentil. Somente duas coisas não haviam mudado. A Montanha Branca manteve o mesmo nome. E a cidade continuou a se chamar Barba Longa, em homenagem ao mago que tinha a barba mais comprida do mundo.
Se alguém quiser saber onde fica essa cidade, ela continua no mesmo lugar, lá nos confins do mundo.

Instituto Beneficente Boa Nova
Entidade coligada à Sociedade Espírita Boa Nova
Av. Porto Ferreira, 1.031 | Parque Iracema
Catanduva/SP | CEP 15809-020
www.boanova.net | boanova@boanova.net
17 3531.4444 | 17 99257.5523